AF396537

LE NOUVEAU
CONTRAT SOCIAL.

Imprimerie de H. Dupuy, rue de la Monnaie, 11.

LE NOUVEAU

CONTRAT SOCIAL

ou

PLACE A LA FEMME.

L'espèce humaine sentira sa dignité
lorsque la femme sera le premier chai-
non qui rattache l'homme à Dieu.

Par Mme C. A. C.
Auteur de *la Femme est la famille*.

PARIS

DELAUNAY, LIBRAIRE, PALAIS-ROYAL;
GAUTIER, RUE NEUVE-SAINT-EUSTACHE, 36.

1834

A Louis-Philippe.

Sire,

Le roi le plus digne de porter la couronne est celui qui sent le mieux les charges que sa place lui impose. Réprimer et vaincre les factions, ce n'est ni régner ni gouverner, et le chef d'un grand peuple doit être appelé à d'autres fonctions.

Les rois qui vous ont précédé ont constamment gouverné par le glaive; vous seul avez compris les paroles de l'illustre Fénelon :

« Tout le genre humain n'est qu'une famille dis-

» persée sur la surface de la terre. Tous les peu-
» ples sont frères et doivent s'aimer comme tels.
» Malheur à ces impies qui cherchent une gloire
» cruelle dans le sang de leurs frères, qui est leur
» propre sang!

   » Heureux le roi qui aime son peuple et qui en est
» aimé : qui se confie en ses voisins et qui a leur con-
» fiance : qui, loin de faire la guerre, les empêche
» de l'avoir entre eux ; et qui fait envier aux nations
» étrangères le bonheur qu'ont ses sujets de l'avoir
» pour roi. »

   Oui, Sire, le peuple vous glorifie d'avoir évité
une collision imminente il y a quatre ans, et devenue
aujourd'hui, par vos soins, presque impossible.

   Mais est-ce donc assez d'avoir évité la guerre au
dehors, si vous ne nous donnez la paix au dedans ?
si le travailleur est accablé d'impôts, et si son unique tâche dans la vie est de produire ce qu'un
petit nombre d'heureux gaspillent ou entassent ?

   L'homme n'est pas, comme la plupart des animaux, vivant isolément sur le globe ; il a sa famille, sa cité, sa patrie ; à cette première association, doit succéder l'association universelle par
l'affranchissement du travailleur. En effet les besoins des hommes étant partout et pour tous les mé-

mes, il doit s'en suivre que ces mêmes besoins doivent les exciter à s'aider réciproquement les uns les autres, selon les moyens que chacun d'eux peut apporter à l'œuvre.

Est-ce donc assez de sévir contre les déréglemens ? Ne doit-on pas plutôt les prévenir ? et quel plus sûr moyen peut-on en avoir, que de faire que tous soient heureux !

Ne croyez pas, Sire, que la chose soit impossible. je conviens qu'elle ne peut être ni facile, ni spontanée, mais croyez aussi que chacun vous tiendrait compte des efforts que vous feriez pour y parvenir. Vous n'auriez pas besoin de manifestes placardés aux coins des rues pour annoncer votre intention : elle serait jugée, et les cœurs des Français vous proclameraient bien vite le plus grand et le meilleur des rois.

Sire, voyez la misère du travailleur ! Voyez la torture des femmes ! Dieu destine votre règne à être glorieux dans les annales des âges.

Attachez votre nom à l'œuvre de la régénération de l'espèce humaine, à la morale à venir.

SIRE, SOYEZ GRAND!!!

Aux Députés.

Mandataires du peuple ,

La marche stationnaire adoptée dans vos travaux ne peut plus long-temps subsister. Le jour est venu où vous devez partager la place que vous avez seuls occupée jusqu'ici. Il le faut ! Le tourbillon s'approche ! — La femme réclame ses droits, et sa cause se lie à celle du peuple.

Qu'avez-vous fait jusqu'à ce jour dans vos interminables debats ? La propriété n'a-t-elle pas été le seul objet qui vous ait préoccupés, et n'avez-vous pas constamment cherché les moyens de la conserver entre les mains du petit nombre ? Au lieu d'être les apôtres du peuple, n'avez-vous pas contribué à ses souffrances en laissant subsister les impôts qui le gênent, et l'empêchent de faire des économies pour pouvoir un jour se racheter ?

Le peuple est malheureux, parce que de grands travaux ne lui sont pas ouverts, où il puisse dépenser sa grande activité, en trouvant en même temps les moyens pécuniaires propres à satisfaire ses besoins, soit en joie bruyante, soit en thésaurisation pour sa vieillesse.

La suite de ce malaise est l'émeute. — Le renversement de tout gouvernement, quel qu'il soit, lui semble le seul remède à ses maux. — Alors en face de ces leçons de sang, que faites-vous ? Vous votez de nouveaux subsides pour salarier les sbires qui de leur coutelas à chair humaine déciment les bras des travailleurs, et enlèvent à la société ceux dont elle devait s'enorgueillir. C'est ainsi que se réalise le mot d'un de nos écrivains contemporains : « Avec de l'argent on a des soldats, avec des sol- » dats on a de l'argent. »

Députés, croyez-vous que ce soit là que doit se borner votre mandat ? Croyez-vous que vos noms déposés dans l'urne électorale n'y furent pas accompagnés de la pensée secrète que chacun de vous contribuerait pour sa part à doter la France des institutions nouvelles que réclame la civilisation actuelle, et que les autres nations attendent de nous ?

Députés, au nom de la fraternité que l'orgueil humain ne voulut comprendre que pour le ciel et que des milliers de martyrs ont cependant scellée de leur sang pour l'établir sur la terre, je vous demande place pour le peuple ! place pour la femme !

Distribuez à vos 400 mille oppresseurs à gages des outils de travail. Ouvrez de grandes entreprises pour des canaux, des routes, des desséchemens de marais, des défrichemens de landes, des habitations commodes et saines, en un mot créez des occupations de tout genre où les hommes puissent s'utiliser d'une manière convenable à chacun d'eux.

Députés, la femme réclame en possession la moitié du sol territorial ; et pour sa dot la part de Dieu, dans les productions de tout le sol ; car :

Les mains de l'homme ne sont pas le seul moteur à la richesse des moissons ; le soleil hâte, réchauffe et vivifie la végétation ; sans lui tous les soins seraient superflus : ce travail, qui n'est pas l'effet de *la volonté humaine*, est tout de Dieu. *Vous l'avez de tout temps senti et lui en avez payé la redevance, soit en offrandes de tout genre, soit en établissemens de culte, soit en émolumens accordés aux prêtres. Eh bien! c'est cette part que la maternité revendique :* c'est la part de Dieu, *qui doit être* l'anneau des fiançailles.

Une révolation humanitaire est sur le point d'éclater, qui de son pied de géant à nul autre pareil, va mettre en poudre vos vieilles institutions! La femme ramène avec elle la poésie de Dieu qui vous manquait depuis long-temps. — L'association universelle *est appelée et s'approche.* — L'héritage touche à sa fin. — *Mettez-vous à la tête du mouvement, afin de le régulariser et d'éviter les désordres qu'il pourrait occasionner de prime-abord.* — *Un torrent dirigé par d'adroites digues peut apporter la fertilisation aux champs qu'il parcourt. Vouloir s'opposer à son passage, c'est s'exposer au risque d'être entraîné dans un abîme incalculable.*

Députés, vous êtes appelés à consommer l'œuvre que soixante siècles vous ont léguée dans leur expérience. Reconnaissez et constituez enfin le culte de Dieu *dans sa dernière création*, L'HUMANITE.

PRÉFACE.

Quoique je n'eusse pas signé ma précédente brochure adressée aux femmes, je n'en avais pas moins l'intention d'en accepter la responsabilité immédiate en me nommant dans celle-ci où ma pensée se trouve plus explicitement formulée ; mais quelques amis m'ayant vivement sollicitée de n'en rien faire, je cède à leur désir , et m'entoure encore quelque temps du nuage qui m'intercepte à tous les regards.

Puisse l'accueil religieux qui a été fait à ma première brochure s'étendre sur celle-ci ! Puissent des voix de femmes se croiser dans les airs et arriver jusqu'à moi ! Ma nacelle s'élèvera plus radieuse, si ne reniant pas mon œuvre, elles y apportent leur participation. En attendant je leur dévoue ma vie, et plus encore, celle des êtres qui me sont chers, et que ma direction incertaine et vaporeuse terrifie et mutile ; je m'élance encore une fois pour le salut de toutes dans mon nouvel aérostat.

Pars, beau voyageur ! que les élémens te soient propices ! que *Dieu* dirige ta marche et te soutienne, puisque c'est lui qui fut ton moteur ! Vogue à la découverte d'un nouvel horizon ; et, comme la colombe de l'arche, cueille la palme de la victoire !

Adieu, vieux monde, je pars !.... Déjà, j'ai franchi les premières régions ; la terre disparaît !... *Dieu* m'inonde de l'immensité de sa gloire !!

Salut au jour nouveau !.... *Salut* à la mère et au père de toutes et de tous ! Salut, humanité ! belle nature, inconcevable univers, astres resplendissans du ciel !, Salut !!!

Chacun de vous est la manifestation de Dieu, et l'ensemble est Dieu.

Le genre humain s'éveille, et sort de son berceau : une douce titillation vient entr'ouvrir sa paupière : son œil faible encore a peine à soutenir les premiers rayons de l'orbe éclatant du jour. Son sein se soulève voluptueusement, son cœur a des désirs ; ils sont d'amour !

Sion, ouvre tes temples ! Mets tes habits des solennités ! Que tes prêtres nouveaux assiégent tes portiques ! Poëtes, peintres, musiciens, accourez tous artistes, êtres prédestinés aux larges émotions, accourez ! rendez-la belle, cette cité chérie, parez-la à l'envi du concours de votre génie : que l'hymne mêlée à des torrens d'ineffable harmonie célèbre le roi des rois !.... *Dieu* s'est rendu palpable !!...

Ce n'est plus ce *Dieu* redoutable, armé de foudres vengeurs et précipitant sa plus belle œuvre dans des gouffres éternels. *L'erreur s'évanouit*; chaque phase de la vie s'harmonise et prend place au céleste banquet. Plus de *Dualisme de bien et de mal;* tout est reconnu bon, puisque tout vient de *Dieu* , puisque tout est son émanation, et que tout est lui sous des formes différentes.

Inspirations intellectuelles, chantez! Chair si long-temps annihilée au profit de l'exaltation spirituelle, prends ta forme et ressucite après dix-huit siècles de macérations. Sois belle , établis ton triomphe ! plus de cilices !.... Eh ! pourquoi des cilices ? *Dieu* n'est-il pas corps aussi bien qu'esprit, et ne veut-il pas avoir du bonheur sous ces deux aspects ? Croix, disparais, et fais place à la joie ! Calice d'amertume, change-toi !!... Le jaspe a reçu l'ambroisie, et la coupe des félicités effleure enfin les lèvres du genre humain !

Le prélude fut long ; mais l'œuvre était immense : chaque note rendue devait former accord et se lier à toutes les parties. L'ouverture est arrêtée, et pour nous commence le concert.

Dieu mère, pleine de grâce, merci de t'être révélée à nous ! *Dieu* père, merci de nous avoir fortifiés par de longues épreuves ! Merci d'avoir retrempé nos membres sur un lit de douleurs ! Oublie nos murmures passés : ta couche nuptiale est si belle, les parfums de ses roses sont si enivrans, que je ne me souviens plus, ô mon Dieu, du sentier tortueux qui me conduisit à elle !!

INTRODUCTION

ET APPEL.

« Si j'étais au pouvoir, disait le philosophe Jean-
» Jacques, je ne m'amuserais pas à écrire ce qu'il
» y aurait à faire pour le bonheur des peuples, je
» le ferais. »

Peuple ! tu es pouvoir, puisque ta voix est celle
de *Dieu !* Approche donc, et viens concourir à l'é-
dification du nouveau monument social ! que chacun de tes membres y apporte les élémens des

matériaux qui leur furent virtuellement dévolus. C'est de l'inspiration générale, c'est du grand cri du peuple, que doit surgir le pivot directeur d'un meilleur avenir.

Si, moi faible femme, j'ose émettre quelques pensées neuves et hardies, *Dieu* en est responsable : c'est lui qui me les révèle dans l'amour dont il a formé mon cœur. Oui, j'aime avec passion ; et ce ne peut être sans but que ce feu fut long-temps comprimé dans mon sein : il devait y fermenter, et le vase devait pouvoir transmettre au jour les émotions qui l'agitaient.

La forme manquera peut-être à mes paroles : — qu'importe ? — Si je ne sais rien de ce qui s'apprend, ne suis-je pas riche de tout ce qui se sent ? Vivre, et sentir, n'est-ce pas pour moi une même chose ? D'ailleurs que peut faire à une œuvre de cœur d'être délayée dans une savante phraséologie ?

Mon amour n'est pas de trempe commune, je ne m'absorbe pas dans un sentiment individuel. — J'aime l'humanité : je l'aime telle qu'elle est, avec ses vertus et ses vices ; sa fièvre d'enthousiasme, et son atrophie fétide. Dans cette large poitrine dont peu veulent faire l'autopsie, que de

beautés enfouies j'entrevois ; que de vertus étouf-
fées, dont les fœtus n'ont pas pu même prendre
forme ! — Humanité, c'est pour toi que je parle :
écoute ! écoute ! ne me condamne pas : — inspire-
moi : — mets à nu tes plaies , que je les touche ,
comme Jésus toucha celles du Lazare ! — Ah !
puisse encore une fois le Lazare sortir du sépulcre !
puisse la femme être de nos jours le rédempteur
de la chair !

Femme, lève ta tête endolorie ! Dieu a dit : Lève-
toi !

Apporte ta parole virginale , que nul écho n'a
encore ouïe. Il est temps : chante ! — Oublie
tes misères passées ; réclame ta part du bonheur
de la vie : — et prophétise l'avenir.

LA CRÉATION.

(Sixième Jour).

Marche ! sa voix le dit à la nature entière ;
Ce n'est pas pour croupir sur des champs de lumière
Que le soleil s'allume et s'éteint dans ses mains.
Dans cette œuvre de vie, où son ame palpite,
Tout respire, tout croit, tout grandit, tout gravite,
Les cieux , les astres , les humains.

L'œuvre toujours finie et toujours commencée
Manifeste à jamais l'éternelle pensée ;
. . . .
. . . .
Plus il s'élève et plus sa volonté divine
S'élargit avec son regard.

LAMARTINE.

Les eaux s'étaient retirées dans leurs lits pro-
fonds : la terre avait reçu la vie ; et elle avait donné
des plantes : et les plantes avaient donné des grai-
nes. — Toutes les femelles des corps organisés

avaient été créées, et Dieu leur avait dit de produire ; et elles avaient produit. — Car Dieu avait séparé l'esprit de la matière, et voulu néanmoins qu'ils fussent toujours inhérens l'un à l'autre.

La femme sommeillait encore ; — et voilà qu'au matin du sixième jour, Dieu la trouvant accomplie en perfection , déposa sur sa bouche mi-close une parcelle de sa divine substance. — La femme tressaillit ; elle respira : son cœur battit ; sa main chercha l'époux qui venait de la révéler à elle-même. —Mais Dieu, qui connaissait la faiblesse des organes de la femme, s'étant soustrait à son regard curieux, ne lui laissa pour gage de son hymen avec elle, que ce divin amour, feu sacré qui ne s'éteint jamais, et s'alimente de lui-même, à l'image de celui dont il est émané.

La femme enfanta, et son premier né fut mâle : — et elle eut pour lui la tendresse de la mère : — elle le berça doucement dans ses bras et l'accabla de tendres caresses. — Chaque jour elle lui répéta qu'il était beau, qu'il était fort, qu'il était le roi de la terre.

L'enfant grandit, et sa génération aussi ; mais toujours abusé par l'amour de la mère , il s'en fit des armes pour accroître ses audacieuses prétentions. — C'en est fait ! Il avait franchi le sentier de la vérité , et la race humaine devait par lui se fourvoyer long-temps dans le champ de l'erreur.

Il s'arrogea donc la première place : — devint législateur, et reniant sa mère, qu'il injuria, et profana par l'esclavage , il inventa et affirma une fable grossière : il dit qu'il était le premier né de l'espèce humaine, et que la femme n'était que le produit de l'une de ses côtes : — que Dieu l'avait façonnée exprès pour ses plaisirs : et qu'elle n'était une partie de son corps que pour le servir , comme un membre de plus attaché à son être. — Dérision et mensonge ! Absurde explication que renversent toutes les probabilités ! Mais rien ne lui coûta pour se persuader à lui-même ce qui flattait sa folle vanité. — Dieu l'avait abandonné en punition des faiblesses de sa mère, qui, dans la crainte de le rendre malheureux, l'avait laissé s'égarer dans l'ignorance.

L'homme donc sentit le malheur dès son enfance ; et ses souffrances se communiquèrent à tout ce qui l'entourait : — et il ne connut pas l'immensité de l'amour qui l'avait fait naître : — et il fut condamné à ignorer à jamais le mystère de la reproduction à laquelle il devait lui-même servir d'agent. — Cependant Dieu, qui avait voulu toutes ces choses , voulut aussi que, puisque les malheurs de l'homme lui venaient des faiblesses de la mère, ils fussent un jour effacés par elle.

Il fit donc comme une nouvelle création, et prenant la femme par la main , il la souleva doucement et progressivement pendant soixante siècles et plus. — Il la fit passer par diverses épreuves, et fortifia ses organes par des baptêmes salutaires. — Puis il lui dit :

Maintenant réclame contre l'injuste usurpation de ton fils. — Montre-toi la digne épouse de celui qui peut tout , et qui créa la matière avant les graminées qui devaient en sortir : — l'ovaire avant la semence qui y fut attachée, *et le foyer de la reproduction humaine avant le germe qui devait y recevoir l'accomplissement de la vie.*

Femme , sois donc supérieure à l'homme , puisque tu es dans le fini *l'image de l'incréée production.* Je te redonne mon amour , comme au premier jour de la création ; et désormais il fera ta force et ton droit.

Je donne à l'homme ma virile activité , afin qu'il te serve dans tes besoins.

La terre sera votre apanage commun. Elle

fournira abondamment à votre subsistance, à la condition du travail, qui doit être partagé ainsi entre vous : à l'un la force pour faire produire le sol, à l'autre la grâce qui embellit la vie et délasse le travailleur ; et ces deux essences, toujours confondues, tendront éternellement à se rapprocher de leur céleste origine, en se développant sous mille formes diverses qui me donneront satisfaction.

Ce fut ainsi que Dieu voulut :

LOUEZ DIEU !

TRANSFORMATION

DE LA FAMILLE ET DU CULTE DIVIN.

Persuadée que l'affranchissement de la femme ne peut avoir sa pleine et entière réalisation que lorsqu'elle sera à l'abri de tous besoins matériels, je sens qu'elle ne peut y procéder que par la réclamation franche et explicite de ses droits : — Son nom dans la famille. — La part de Dieu pour dot. — La moitié du revenu du sol territorial pour élever ses enfans. — Enfin sa participation au culte de l'autel et dans l'état gouvernemental. Ce n'est qu'ainsi qu'elle peut répondre à l'appel de sa liberté annoncée par l'Homme juste.

La femme n'est pas née l'esclave de l'homme : et si les siècles passés ont osé avancer un fait aussi absurde, c'est au siècle actuel à donner le démenti à la décision du concile de Trente qui nia que la femme pût avoir une ame.

Quoi donc ! lorsque d'époque en époque nous voyons l'esclave devenir serf, celui-ci se racheter et devenir artisan, bourgeois et notable, ce qui est un fait palpitant et notoire du grand nivellement de l'espèce humaine, la femme seule serait-elle exclue de cette marche ascendante de l'humanité ? Pourrait-elle être à jamais condamnée à marcher pas à pas dans les traces que l'homme lui fraierait, et se laisserait-elle éternellement et passivement remorquer dans un sillage commun à tous deux ? Non, c'est impossible !

En vain m'objecte-t-on la supériorité masculine, ses découvertes et son génie ; je réponds : Lorsqu'on s'arroge le droit , on s'arroge le fait ; l'un est le résultat de l'autre.

Que l'on me montre pour me combattre la femme jouissant à l'égal de l'homme du libre arbitre de sa personne et de sa volonté. Reléguée dans le foyer domestique, qu'elle en ait ou non la vocation, peut-on lui demander compte de ce qu'elle sait ? Étiolée par la jalousie et l'égoïsme de l'homme, pouvait-elle étendre des rameaux vigoureux et se livrer à des développemens qu'il s'était reservés à lui seul ?

Toute insidieuse proposition doit donc tomber devant la justice. Si l'on donne à la femme une bonne éducation morale et intellectuelle , si elle a de l'aisance , on sera à même dans peu d'années de la juger ; ce sera alors , seulement alors , que l'on verra de quoi elle est capable ; mais aujourd'hui meurtrie et lacérée , c'est Spartacus rompant sa chaîne et portant sur ses membres flétris les marques de son antique esclavage et de ses longues souffrances.

La femme , de tout temps subalternisée aux volontés de l'homme , a été sa servante et son esclave. Peu à peu le besoin de justice, et sa tendance aux nobles sentimens, lui firent adopter la seule arme que

la nature eût placée à sa disposition pour contre-
balancer la force brutale de l'homme : LA RUSE.
Oui, la ruse, voilà son arme : elle s'en est servie
avec succès ; et en développant ses forces et son énergie, l'une s'est accrue par l'autre. Enfin elle est par-
venue à égaler et même à commander à ses chefs.
Mais ce fut à leur insu, et c'est ce qui ne doit plus
avoir lieu. La noble franchise doit remplacer la
fraude, sous quelque aspect qu'elle se présente. La
femme doit déposer la supercherie comme on dé-
pose dans les arsenaux ces vieilles armures qui ont
servi dans cent batailles , et qui ne sont plus là que
comme des témoignages et des jalons dont l'écri-
vain se sert pour l'histoire des peuples.

La femme, avec une sainte audace , réclame son
égalité à tous droits sociaux ; son intrônisation à
l'humanité que vous lui avez contestée ; et ce n'est
là que le prélude de la supériorité à laquelle les
siècles futurs la destinent. Car elle est la famille,
et la propriétaire née de la moitié des revenus du
sol.

Cette moitié du sol lui appartient comme la ré-
colte appartient à celui qui a labouré le champ , à
la condition qu'il en paiera le fermage : or, le fermage que paie la femme est sa dette envers la na-

ture : elle porte des enfans ; elle les enfante avec douleur, et ce n'est pas pour rien que cet acte de sa vie a été nommé, dans la généralité des langues, *le travail de l'enfantement :* on dit *une femme en travail d'enfant.* Elle est mère, et lorsque ce titre lui a coûté si cher, lui en refuser les prérogatives c'est outrager la nature !

Elle est la famille, et la tige primordiale de l'espèce humaine : elle doit donc à ce titre être à jamais bénie.

Quelle crainte pourrait-on concevoir de ce que la famille se constituât par les femmes, et qu'elles devinssent à ce titre les propriétaires de la moitié du sol ? L'homme est-il donc si heureux de s'être passé à lui seul la direction de l'un et l'adjudication de l'autre ? De quels soins n'a-t-il pas assiégé son existence ? Un travail forcé, des privations de toutes espèces, voilà le précipice dans lequel il s'est jeté. Non - seulement ses besoins présens l'obsèdent, mais encore ses besoins futurs pour ses vieux jours, et ceux même après sa mort ; car il faut qu'il laisse un héritage à ses enfans, à ses parens, à ses amis, à sa mémoire, que sais-je !... O misère et orgueil humain, dédale inextricable ! — Un mourant peut-il avoir le droit de rétrocéder ce qu'il ne possédait pas avant d'arriver à la vie ? — Le seul héritage légitime, est la santé, la beauté, l'intelligence ; mais ce legs qui ne vient que de la nature par les unions bien assorties n'est pas de ceux qui se passent pardevant notaire, il n'est que le résultat d'une saine morale. — Prétendre éterniser la volonté de l'homme lorsqu'il est entré au creuset de la mort, c'est vouloir perpétuer l'erreur et l'injustice qui le gouvernèrent pendant sa vie. La tombe a nivelé sa destinée à celle des autres hommes, de même que la naissance avait été le point de départ, commun à la génération dans laquelle il entrait. Eh ! pourquoi donc demanderions-nous à *Dieu* notre pain de chaque jour, si nous avons la sotte prétention de pouvoir transmettre, même après notre mort, l'excédant des richesses que nous n'avons pu consommer ? Le pain que nous demandons à *Dieu* n'est que celui qui doit nous substanter, pendant la mission que nous avons à remplir dans la vie : à notre mort, nous le rendons à son détenteur qui sait bien en faire l'usage convenable pour qui de droit.

Plus d'héritage du sol à quel titre que ce soit ; que tout rentre au fond commun : ce n'est qu'ainsi que l'association universelle sera fondée.

Que chacun fasse ce qu'il aime à faire , ou peut faire , ainsi que cela se pratique maintenant, mais avec l'extension d'une éducation égale à tous , afin que chacun puisse avoir les moyens de se développer selon sa nature : que les uns soient artistes , industriels ou savans ; car tout est bien, tout est indispensable à l'équilibre général de la société. C'est ainsi que chacun trouvant une égale protection à l'exécution de son œuvre individuelle, se rattachera, de plus en plus, à la vie générale.

A ce prix se réaliseront *la liberté*, *l'égalité*, si souvent invoquées, et qui jusqu'ici n'ont été qu'une déception.

La seule distinction raisonnable et vraie est celle des spécialités intellectuelles accordées par la nature. Ici l'homme fort est le père né de l'homme faible, et l'aide de plus en plus à s'élever vers l'abstraction infinie ; c'est dans cette acception que *l'homme individu* s'efface pour ainsi dire, et ne laisse voir en saillie que *l'homme espèce* destiné à grandir d'époque en époque. Les siècles s'imprégnant du génie des hommes contemporains en font leur propre vie ; et nous montons sans nous en apercevoir l'échelle symbolique de Jacob,

dont les Cuvier, les Arago, les Lamartine, etc.,
nous aident d'heure en heure à franchir les de-
grés.

Honneur donc aux savans, aux artistes! Ils de-
vront être les prêtres de l'avenir, car ils sont les
élus de *Dieu* pour instruire les générations exis-
tantes et passer à la postérité la plus reculée!

Ceci nous mène à l'établissement du culte religieux; et si l'on veut réfléchir combien ceux établis maintenant sont peu en harmonie avec les
besoins de l'humanité, on sentira l'urgence de les
transformer en les appliquant à l'utilité de cette
même humanité qui les réclame.

La froide théologie ne saurait enseigner à cica-
triser les plaies du cœur humain. Le prêtre du passé
est impuissant à connaître les besoins de la vie, lui,
qui par état, fait taire en lui toute tendresse et
étouffe le cri de la nature, pour une vie éternelle
qu'il ne comprend pas.

La splendeur même du culte catholique chrétien
ne peut inspirer d'une façon convenable les vertus
domestiques. Une croyance basée sur la mort et
l'abnégation de soi-même a perdu son empire sur
une génération qui veut du bonheur individuel à
quel prix que ce soit, et qui par ce fait a renié les

croyances de son enfance comme inhabiles à la satisfaire.

Dès lors je demande pourquoi des prêtres, lorsqu'on ne croit plus au dogme qu'ils enseignent? pourquoi un culte dont la mission n'est plus de ramener à la morale?

L'humanité est sainte, puisqu'elle est dans le fini, l'image d'une perfection infinie ! C'est donc le *culte de l'humanité qu'il faut établir*, comme étant le seul qui puisse être *digne de la grandeur de* Dieu.

Si nous nous respectons les uns les autres, si nous nous aimons comme des frères, et si nous nous efforçons de plus en plus à atteindre une perfectibilité à notre portée, Dieu sera parmi nous ; car il est la perfection infinie ; Il est l'amour du père et de la mère, qui veut que tous les enfans soient unis.

Il faut donc que les fonds appliqués à un clergé désormais inutile deviennent la dot de la jeune fille qui fait choix d'un époux.

Il faut que l'autel n'ait plus la forme d'un tombeau ; car les premiers chrétiens qui l'instituèrent ne l'avaient fait ainsi qu'en mémoire du premier martyr de la foi nouvelle, qu'ils avaient *déifié*. En effet un culte exercé dans les catacombes ne pouvait avoir pour trône qu'un cercueil. L'enthousiasme devait naître de l'exaltation de la croix, et faire ainsi, chaque jour, de nouveaux adeptes.

Mais aujourd'hui que Jésus ne nous apparaît plus que comme un homme, nous ne sentons pour lui qu'un tribut de reconnaissance et non d'adoration.

Aujourd'hui l'extatique vénération de mystères incompréhensibles ne peut plus relier que quelques êtres tendres, mais faibles, qui, ayant besoin d'aimer, s'y rattachent encore à défaut d'un culte plus vivant et plus conforme au besoin de l'époque actuelle.

Mais qu'il sera beau et senti, le culte qui se célébrera sur un berceau ! qui sanctifiera la mère, comme étant l'emblême de la fécondité de la nature, et qui, à ce titre, lui décernera *de droit* l'alimentation nécessaire pour elle et sa progéniture !

Combien de malheurs ce culte nouveau fera disparaître !...

Le cœur de la femme long-temps flétri s'épanouira aux sentimens qui lui sont propres : elle sera respectée, et ses enfans n'auront plus à lutter dès leur naissance avec la *misère*, qui les conduit à l'homicide moral et physique, soit sur eux-mêmes, soit sur leurs semblales !

L'espèce humaine sentira sa dignité, lorsque la femme sera le premier chaînon qui rattache l'homme à Dieu.

CLASSIFICATION

DE LA PROPRIÉTÉ,

Tribut de la Mère.

O l'amour d'une mère, amour que nul n'oublie !
Pain merveilleux qu'un Dieu partage et multiplie !
Table toujours servie au paternel foyer,
Chacun en a sa part, et tous l'ont tout entier.

VICTOR HUGO.

Lorsque la femme aura pu déposer la fraude et la contrainte, elle rendra à l'homme bonheur pour bonheur. L'hymen alors ne sera plus, comme sont tous les tyrans, inquiet et soupçonneux ; il sera au contraire doux et confiant. Il n'aura plus à s'enquérir si les prémices du cœur dans lequel il fait

3*

naître de douces émotions lui furent scrupuleuse-
ment conservées.

En effet, ne fut-il pas absurde d'exiger chez l'être
le plus faible, une vertu que le plus fort ne saurait
atteindre, car elle n'est pas dans la nature, où la
puissance préexistante des affinités se manifeste de
toutes parts.

Une jeune fille est à peine nubile, qu'une sur-
veillance rigoureuse s'établit, non-seulement dans
sa famille, mais même dans la société entière : chacun se croit le droit de scruter ses démarches et
ses pensées ; et combien d'entre elles ont dû leur
long et souvent éternel célibat à de fausses inter-
prétations, à de calomnieuses redites, qui les dé-
pouillant de ce prisme pudibond dont on aime à les
voir entourées, ne les montraient plus dignes du
titre sacré d'épouse ! Cet atroce égoïsme doit disparaître, l'honneur de la femme ne doit plus être
un sujet de dérision. La corruption ne saurait ga-
gner le calice de la fleur où le papillon est venu
butiner la fraîcheur du matin ! et les hommes se
respecteront assez pour n'avoir plus la puérile
pensée que leurs baisers ont pu souiller l'objet de
leur culte.

Quelques malheureuses nations ont donné le

spectacle de femmes ainsi torturées ; le christianisme a mal interprété la morale de Jésus : « Mon joug » est aisé, et mon fardeau est léger. »

Mahomet, l'infâme Mahomet, a pu seul faire de la femme un instrument de plaisir, comme Confucius, dans sa rigoureuse sagesse, n'en fit que des machines propres à la reproduction de l'espèce humaine : aussi l'amour a-t-il déserté ces malheureuses contrées, et l'ennui et la stupidité y ont-ils remplacé l'éclair électrique du bonheur.

Chez nous le christianisme poussa peut-être un peu loin la réprobation de la chair, et, pour la purifier, la voua trop à l'anathème en y attachant l'importance d'offenser un DIEU *pur esprit*. Et en effet si la *matière* n'est considérée que comme l'enveloppe de la vie, ne doit-on pas la laisser agir sans craindre que Dieu en soit blessé? Si au contraire nous lui reconnaissons l'importance d'être pour moitié dans l'harmonie universelle, si elle est l'une des parties du Dualisme de la vie, *esprit* et *matière*, il se présente à la raison qu'on doit lui laisser la liberté d'action, selon son besoin particulier, et toujours en vue de DIEU, c'est-à-dire pour élever, et non pour *déprimer*.

Chez plusieurs peuples les jeunes gens sont libres,

et se prennent pour ainsi dire à l'essai : ceci ne peut paraître un sujet de plaisanterie ; l'action la plus grave de la vie, et qui emporte avec elle tous les résultats de l'existence des contractans et de leur descendance, mérite bien d'être prise en considération ; car les unions bien assorties font les belles générations.

Dans d'autres pays qu'il serait trop long de citer, mais entre autres dans le nord de l'Écosse où cependant le christianisme est en vigueur, les mariages n'ont lieu que lorsque les couples se connaissent parfaitement. A Otaïti, c'est le sujet d'un culte particulier qu'on rend à Dieu, et la femme est plus ou moins honorée selon la beauté et la quantité d'enfans qu'elle a déjà eus.

En effet cela ne peut être autrement chez le peuple travailleur. Le luxe et la dépravation des grandes villes ont pu seuls faire réprouver le nombre des enfans. Un fermier ou un simple paysan est heureux de ce qui fait le désespoir de l'homme des cités. L'inquiétude de pouvoir soutenir une nombreuse famille est donc le seul motif qui ait pu faire astreindre la femme à une continence qui garantit à l'époux sa libre volonté dans les charges qu'il se donne.

La femme ne peut demeurer plus long-temps ainsi classée et taillée à la volonté d'un maître. Elle doit secouer le joug humiliant de la mendicité : *Elle doit avoir son pain assuré pour elle et ses enfans*, et ne plus être à l'homme ni à elle-même un fardeau onéreux.

La nature ne se bâillonne pas ; témoins les hospices d'enfans trouvés et le nombre toujours croissant d'enfans dits *illégitimes*, dont les grandes villes foisonnent.

Il y a long-temps que la sollicitude des gouvernemens aurait dû être éveillée sur les infractions à la morale établie, et y voir autre chose qu'un déréglement répréhensible.

Si le déshonneur, l'ignominie même ne peut retenir la femme dans le sentier glissant du devoir exigé, c'est que les lois ne sont pas en harmonie avec la nature, qui se rit des combinaisons humaines, les renverse et règne en souveraine.

Les couvens, les maisons de corrections où l'on entasse des milliers de victimes ; les échafauds dressés à l'infanticide ont-ils pu changer quelque chose à la marche de la société ? La malheureuse fille qui fut suppliciée, il y a peu d'années, à Rouen, et dont le désespoir, à l'approche de la mort, lui arracha des cris qui retentirent dans toute la France et allèrent vibrer encore au-delà, connaissait toute la rigueur des lois sur l'énormité du crime de l'infanticide, et néanmoins, elle s'y exposa cinq fois en étouffant dans de la cendre les fruits malheureux de ses illégitimes amours.

Il existe des milliers de faits de ce genre, que la publicité des jugemens et de la presse ont fait tomber à la connaissance générale; mais combien en est-il de clandestins et de complètement ignorés? Je ne crains pas d'affirmer qu'il n'est pas une maison où il ne se passe à *huis clos* de semblables outrages envers Dieu, et où la santé de jeunes femmes ne soit compromise par les médicamens violens auxquels elles se soumettent. De-là vient, chez le plus grand nombre, l'affaiblissement du tempérament qui, se manifestant par diverses maladies, est presque toujours suivi d'une mort lente et précoce. Eh! des hommes moraux, des médecins, font trafic de secrets qui, mettant les familles sous le palladium d'un faux honneur, moissonnent inhumainement leurs plantes les plus vivaces!

D'autres familles pensent mettre leur honneur à couvert en donnant à leurs filles des époux pour lesquels elles n'ont aucun goût. Quelquefois même ce sont des vieillards qui, par leur fortune et leur position dans le monde, sont appelés à contracter ces hymens, que je ne crains pas de nommer sacri-léges, vrais cadavres sans vie et sans chaleur auxquels on lie la femme vivante et amoureuse, condamnée ainsi à *un supplice éternel.* Mariages barbares de la vie avec la mort, pratiqués anciennement pour les grands criminels! O combien de douleurs ignorées recouvrent la soie et les rubis! *Mon Dieu, délivrez-nous de tout mal!* Délivrez-nous de l'adultère!

Que les sages de la société réfléchissent à quel degré de force doit être porté chez la femme un *sentiment dominateur* qui, s'emparant d'elle exclusivement, lui fait oublier et affronter tous les dangers? C'est Pénélope, suivant son époux à Ithaque, et se couvrant la tête de son voile pour ne plus voir les larmes de son père. — « La femme, ont dit les » saintes Ecritures, quittera le toit paternel pour se » joindre amoureusement à l'époux de son choix. » Ces paroles expriment assez que l'amour a été de tout temps considéré comme le levier de l'univers.

La jeune fille sait, à n'en pas douter, par les sages avis dont on l'a prémunie, et les tristes expériences qu'elle a eu occasion d'avoir par d'autres femmes, qu'en se livrant à son entraînement, elle peut s'exposer à quelque maladie honteuse qui la prive à jamais de sa santé et de sa beauté; elle sait qu'un enfant sera le prix presque certain de son oubli, et que l'abandon et même le mépris de celui qu'elle aime seront le résultat de tous ses sacrifices; il n'importe, elle ne connaît qu'un besoin, c'est d'aimer, c'est d'en donner la preuve.

Que celles qui seraient tentées de me dire exagérée dans mes tableaux, dérobent leurs fronts aux regards investigateurs d'un examen personnel, car leur trouble décélerait peut-être les vérités que je viens de dérouler. — Mais non, femmes, ne vous laissez point abattre. Vous n'êtes point salies! « Que » celui d'entre vous qui est sans péchés lui jette la » première pierre, » a dit Jésus. — Femmes! vous devez seulement comprendre que vous ne pouvez vivre plus long-temps, en butte au double paroxisme de vos besoins d'amour et de l'égoïsme de l'homme.

Qui donc l'emportera de la nature ou des conventions sociales? La réponse ne peut être douteuse.

Que faut-il pour que tout se régularise?

Deux choses sont éminemment indispensables à l'ordre social, et elles ne peuvent se réaliser qu'au point de vue religieux.

1°. *Que la maternité soit sanctifiée.*

2°. *Qu'elle soit pourvue largement pour tous ses besoins matériels.*

Il faut donc que la femme n'attende plus de l'homme *la place* qu'elle *doit légitimement occuper ;* mais qu'elle sache se la faire elle-même, sans s'inquiéter des susceptibilités qu'elle excitera, des murmures et des cris qu'elle entendra. — L'opérateur est sourd aux imprécations du malade qu'il ampute. Le forceps n'a jamais fait sourire de plaisir ; mais il délivre, et les bénédictions succèdent aux plaintes et aux grincemens de dents.

Je pose donc encore une fois que la propriété territoriale doit appartenir par moitié à la femme, que la commune doit en donner la gestion à l'homme qui en devient le fermier et le cultivateur. Et de même que l'enfant à la mamelle presse le sein de sa mère pour se procurer plus abondamment le lait qu'il sent lui être nécessaire, de même l'homme demande à la terre, cette mère commune, les sucs nourriciers pour la nourriture de tous. Sa virile main se livre sans relâche aux soins de la reproduction substantielle, et l'amour de sa compagne le paie de son labeur.

Par *l'abolition de l'héritage du sol* les propriétés

subissent une transmutation qui les rend *une* et *indivisible*. **Dans cet état**, elles ne peuvent plus **être considérées que comme propriété communale, qui n'appartient qu'à elle-même et qui peut faire de ses fonds l'emploi convenable pour tous les membres qui la composent. Dès-lors il devient possible d'en appliquer la moitié du revenu** AU TRIBUT DE LA MÈRE, **et le restant aux besoins communaux**, lesquels comprennent les établissemens de tout genre. Ce fonds constituera ainsi les outils de la reproduction, et sa constante permutation en diverses mains le rendra profitable au bien-être de tous.

Ainsi l'on n'aura plus l'injurieux spectacle d'hommes accablés sous le poids d'un patrimoine démoralisateur, et traînant une vie oiseuse, fatigante à tous et à eux mêmes. Il est aisé de sentir au contraire que l'homme sera plus heureux, puisqu'il jouira à l'égal de la femme de l'aisance de l'habitation commune à eux deux, et que les soins de sa compagne, dégagés de toute sollicitude sur ses besoins matériels, n'auront d'autre but que d'embellir ses jours par sa grâce et son amour.

Au reste, je ne présente cet aperçu que comme une mesure qu'il faut coordonner et lucider. Cette tâche est réservée aux sages économistes, amis de l'humanité. J'ai ouvert des questions, j'ai posé le fond ; aux autres, la forme et les détails ; mais surtout que le canevas ne disparaisse pas sous la broderie qu'y pourraient apporter des doigts inhabiles, car, je le répète, ce canevas c'est la femme et ses besoins ; elle crie merci à vos réglemens inhumains, dont vous êtes également les victimes secondaires, et vous ne pouvez plus long-temps rester impassibles au désordre de votre couche, dans laquelle l'infanticide et l'adultère se sont glissés comme deux vils reptiles, empoisonnant tout ce qu'ils touchent.

La femme est née libre, aussi bien que vous ; pourquoi donc ne recevrait-elle pas les baisers qu'il lui plaîrait de recevoir ? Pourquoi vous feriez-vous seuls honneur de la profusion des vôtres, promenés indistinctement de la simple villageoise à la noble dame ? Je le répète, la femme est née libre ! les mêmes facultés que les vôtres composent son individu. — Elle a des yeux pour voir, des oreilles pour entendre, un cerveau pour penser, un cœur et des sens pour sentir : elle vous est supérieure en tendresse, et l'on peut s'en rapporter à elle du soin de rendre heureux celui qu'elle aime. M'opposer les préjugés de la routine, n'est pas me combattre

par des raisonnemens judicieux. Les sophismes
n'éclairent pas. Mais que l'on veuille bien réfléchir
au véritable intérêt des destinées humaines ; alors
les obstacles disparaîtront, et la pudeur établira ses
lois.

Rompez donc un joug lourd pour l'un et pour
l'autre. Débarrassez-vous du souci de la petite famille ; du besoin de nourrir et d'élever les enfans
que l'épouse vous donne. D'ailleurs que savez-vous
s'ils sont les vôtres ? Nul de vous ne saurait l'affirmer d'une manière péremptoire. Je vous le dis
comme femme, et avec toute la franchise du cœur
de la femme qui a repris ses droits, et qui marche
dans sa force et dans sa liberté : Tout est illusoire
dans les particularités de ce grand acte. — Personne
ne l'a mieux exprimé que M. James de Laurance ,
dans sa brochure intitulée *les Enfans de Dieu.* Voici
ce qu'il dit :

« Le titre de père ne peut être véritablement at-
» tribué qu'à *Dieu ;* car quoique chacun sache bien
» qu'il a un père, personne ne peut savoir avec
» exactitude quel fut son père.

» Quel couple peut dire : Nous allons faire un
» enfant ? Quel couple peut dire : Nous venons de

» faire un enfant? Le succès de leur opération doit
» rester quelque temps incertain. Une mère qui a
» plusieurs amans peut soupçonner, mais ne peut
» s'affirmer à elle-même quel est le père de son en-
» fant.

» Qu'un couple ait eu plusieurs rencontres, la
» mère elle-même peut-elle savoir de laquelle son
» enfant procède? Un enfant ne se fait pas comme
» une statue à laquelle l'artiste travaille tantôt à une
» main, tantôt à un pied.

» Dès qu'on ne fait pas les enfans à volonté, leur
» conception peut être attribuée par les *sceptiques*
» au hasard, et par les *dévots* à la Providence.

» Il est plus raisonnable de prétendre que tous
» les enfans sont faits par *Dieu*, que de dire que
» tous les mariés sont liés par *Dieu*.

» Que les filles cloîtrées ne s'estiment donc plus
» les épouses du seigneur, mais qu'on honore les
» femmes enceintes, comme les favorites de Dieu.
» C'est qu'au moment où elles conçoivent, Dieu est
» présent en elles; et ce mystère bienfaisant doit
» garantir l'indépendance des femmes contre les
» prétentions des hommes.

» Jusqu'ici nous avons appelé le mariage *saint;*
» à l'avenir nous appellerons la conception *divine,*

» celle qui est enceinte, remplie du *Saint-Esprit ;*
» et alors avec quel respect on traitera une
» femme dans ce moment, où elle a le plus besoin
» d'aide et de bienveillance!

» Jésus fut le meilleur et le plus sage des êtres. Sa
» doctrine est le système de la nature. Tout ce qui
» est naturel est divin : la religion naturelle seule
» est la religion *universelle* ou catholique, car ces
» deux mots ont la même signification. En effet, la
» nature seule est universelle, et le système de *Jésus,*
» étant le plus naturel, est par conséquent le plus
» sublime.

» Jésus a pu opérer des miracles ; mais son sys-
» tème n'en avait pas besoin. La nature doit-elle
» devenir inconséquente à ses propres lois pour
» mériter notre admiration? Non sans doute ; tout
» ce qui *est* est miraculeux.

» La conception de *Marie* fut miraculeuse : la
» conception de toutes les mères est miraculeuse.

» La conception de *Marie* fut un mystère : la
» conception de toutes les mères est un mystère.

» La conception de Marie fut immaculée ; la con-
» ception de toutes les mères est immaculée. Quelle
» souillure peut s'attacher aux opérations de la na-
» ture? Maintenir le contraire serait un blasphème.

» Appeler *Jésus* fils unique de Dieu, c'est déshéri-
» ter toute l'espèce humaine.

» Une voix se fit entendre au ciel, qui disait :
» Celui-ci est mon fils bien-aimé, dans lequel j'ai
» mis toutes mes affections. » (Mathieu, III, 17). La
» voix ne le nomma pas fils unique, mais fils de
» *l'unique Dieu*, père de tous les hommes.

» Ainsi on pourrait dire à toute femme enceinte :
» Je te salue, toi qui as reçu tant de grâces ; le Très-
» Haut t'a couverte de son ombre ; tu es remplie du
» Saint-Esprit : tu es bénie entre toutes les femmes,
» toi, et le fruit de ton ventre. (Luc, I, 28, 29,
» 30).

» Que la femme, plus avisée que son aïeule *Eve*,
» garde donc pour elle-même les secrets de son
» cœur ; qu'elle ne se confesse qu'à *Dieu* seul.
» Alors *le serpent lèvera la téte* sans faire de mal aux
» enfans de *Dieu*, alors le paradis se rétablira. »

» Tous ne comprennent pas cela, mais ceux
» auxquels il est donné. (Mathieu , XIX , 2).
» Parole de Jésus à ses disciples. »

Lorsqu'on vient de lire les lignes qui précèdent,
il est peu de choses à ajouter à ces révélations
toutes divines ; je ne les ferai donc suivre que de la

voix énergique et vraie d'une malheureuse femme [1],
dont le suicide mit fin à la vie orageuse. Ame forte
et chaleureuse, que la société enserra de ses mille
replis, et qui expira comme le Laocoon, ne pouvant
plus lutter contre le dard rongeur. C'est elle qui
parle :

« L'état d'esclave et de sacrifice n'est pas plus l'é-
» tat normal de l'homme que de la femme. Un jour
» viendra, sans doute, où tous les deux en seront
» délivrés ; mais pour Dieu ! hâtons ! déblayons le
» terrain et de ses ronces et de sa fange !

» Liberté pour tous, unité de volonté, unité
» d'amour, unité d'action ; l'unité c'est la clef de
» voûte de tout édifice durable ; mais, je le répète,
» hâtons-nous !

» N'avez-vous jamais réfléchi à ces malheureuses
» que la misère ou l'amour de la liberté a jetées dans
» les bras de tout le monde ? ces malheureuses que
» l'éclat a séduites tout d'abord et qui ont troqué
» leurs caresses contre quelques parcelles de riches-
» ses ; ces malheureuses qui déchues de leur pre-
» mière fraîcheur, et restées sans appui sur le pavé
» glissant de la prostitution, passent rapidement
» de la lettre de change aux napoléons, des na-

[1] Claire Démar.

» poléons aux petits écus, des petits écus aux sous
» vert-de-grisés du portefaix en ribotte?

» N'avez vous jamais réfléchi au sort de celles
» qui, pour la plupart, naissent au puisart insalubre
» de la Bourbe, et vont mourir dans la citerne im-
» monde et fétide de la Salpêtrière, après avoir
» passé par tous les égouts de la débauche et de la
» misère? heureuses encore si elles ne se détournent
» pas de ce triste sentier pour aller jeter leur corps
» couvert des taches et des plaies honteuses de
» l'immoralité du monde, sur les cadavres muti-
» lés du cimetière de Clamar!

» Tous vous avez gémi! Oh! je n'en pourrais
» douter sans vous offenser indignement: eh bien
» donc! hâtez-vous, je vous le répète; hâtez-vous,
» hâtez-vous! Peuple, ta femme, ta fille, est en butte
» aux séductions de celui qui possède, car elle ne
» possède pas, et *Dieu* la fait naître avec des désirs.

» Peuple, tu ne seras véritablement libre, vérita-
» blement grand, que le jour où la moitié de ta vie,
» ta mère, ton épouse et ta fille, seront, elles aussi,
» affranchies de l'exploitation qui pèse sur leur sexe.
» Peuple, *Dieu* a fait l'homme le plus fort, mais ce
» ne peut être pour opprimer la femme qui est sa
» créature aussi bien que toi. Peuple, si *Dieu* t'a

» donné la force et l'énergie , il a donné à la femme
» la grâce et la persuasion. Peuple, ta force doit la
» protéger , la soutenir contre toute exploitation.

» Femmes , votre grâce , votre amour doit ré-
» compenser, adoucir et glorifier l'homme. L'amour
» de plus en plus tend à s'introniser ; non plus l'a-
» mour de l'esclave pour le maître , ou du maître
» pour l'esclave, mais l'amour digne et libre d'égal
» à égal. Je le répète encore , l'heure est sonnée ; il
» faut que la femme prenne enfin son droit de pos-
» session, son droit d'élection, son droit d'adhésion
» libre et spontanée , non-seulement dans le gou-
» vernement de la famille , mais dans le gouverne-
» ment de le Cité et de l'État ; il le faut, vous dis-je :
» c'est à la femme, c'est-à-dire aux femmes, à crever
» le papier brouillard derrière lequel apparaît votre
» fantasmagorie parlementaire ; c'est aux femmes à
» couper le fil doré de vos marionnettes diploma-
» tiques.

» Car la révolution dans les mœurs conjugales ne
» se fait pas à l'encoignure des rues ou sur la place
» publique, pendant trois jours d'un beau soleil :
» mais elle se fait à toute heure, en tout lieu, dans
» les loges des Bouffes, dans les cercles d'hiver,
» dans les promenades d'été, dans les longues nuits

» qui s'écoulent insipides et froides, comme on en
» compte tant et tant sous l'alcove maritale. Cette
» révolution-là mine et mine sans relâche le grand
» édifice élevé au profit du plus fort, et le fait crouler
» à petit bruit et grain à grain, comme une mon-
» tagne de sable, afin qu'un jour, le terrain mieux
» nivelé, le faible, comme le fort, puisse marcher
» de plain-pied et réclamer avec la même facilité la
» somme de bonheur que tout être social a le droit
» de demander à la société. »

PRIÈRE A DIEU.

Notre *mère*, qui êtes aussi notre *père*, dont la présence est partout, que votre nom soit sanctifié; que votre règne vienne; que votre volonté soit faite sur la terre comme au ciel. Donnez-nous aujour-d'hui notre pain quotidien; pardonnez-nous nos offenses, comme nous pardonnons à ceux qui nous ont offensés, et ne nous laissez point succomber en tentation; *mais délivrez-nous du mal.*

Ainsi soit-il!

FÉDÉRATION

Reconnaissance des Droits de la Femme.

« . . . .
» . . . .
« Moment d'un siècle! horrible attente!
» Ah! quand donnera-t-on le signal de marcher!

C. DELAVIGNE.

Quand *Dieu* le juge à propos, il donne aux nations ébahies des exemples destinés à passer d'âge en
âge, et à y graver des traces impérissables. Ce sont
les leçons que nous transmet le passé. — Semblable,
pour ainsi dire, aux révolutions de notre planète,
à ces rochers brisés, à ces larges excavations,

à ces laves inertes, à ces crustacés fossiles, attestations vivantes, à travers des milliers de siècles, des cataclismes et des déjections brûlantes des entrailles de notre globe.

L'histoire de chaque peuple, ainsi que les feuillets de la terre, nous donnent des tableaux variés des grands événemens dans lesquels les peuples ont été les acteurs, et dont les scènes varient selon les lieux et les temps. Peuples de l'antiquité, peuples modernes, tous ont accompli des faits éclatans, qui ont changé, non-seulement leur propre physionomie, mais encore celle des nations qu'ils ont, en passant, entraînées dans leur tourbillon.

Tout Israël sortant d'Égypte, et prenant possession de la terre promise. — Tout Israël, après de longues années, emmené en captivité à Babylone et y apportant son culte *au vrai Dieu* qu'il y implante malgré son état d'esclavage. — Après vingt siècles, les temples de Samarie et de Jérusalem reconstruits par un nouveau Rédempteur qui y verse son sang goutte à goutte pour le salut du genre humain dont il change la face.

Un peu plus tard la Gaule celtique changeant d'aspect par l'irruption des barbares; et bientôt Clovis, renversant les autels où fumait encore le sang humain , arbore la croix rédemptrice sur les temples des druides, étonnés de voir flotter à leurs yeux l'immortel étendard du christianisme.

Quinze siècles s'écoulent après ce dernier événement, et la promesse de la fraternité est réclamée dans son entière exécution par un grand peuple.

Depuis long-temps l'esclavage avait disparu d'entre les hommes de même race ; mais des démarcations flétrissantes pour le grand nombre subsistaient encore : c'était quelques titres vermoulus, quelques priviléges de naissance , attestations tenaces de la conquête brutale des siècles antérieurs ; vieux lambeaux tombant en ruines, aussi frêles que les remparts désemparés de ces noires citadelles, où les oiseaux de proie ont fait leurs nids , et dont les pierres, usées par l'action rongeante des élémens, sont chaque jour démantelées une à une par des enfans peu soucieux de leur antiquité ou des services qu'elles ont rendus : ils les broient de leurs jeunes mains , parce que le temps est venu où elles doivent disparaître.

Dieu le veut, et 1789 a lieu ! La fraternité s'incarne ! l'autel de la patrie s'élève dans une grande enceinte !

Partout , sur tous les points du vaste territoire

français, le même jour, à la même heure , l'air retentit des mots : Liberté, égalité.

C'en est fait des titres de noblesse, ils sont immolés et brûlés en présence des citoyens de la grande nation ! Jour solennel gravé en traits impérissables dans le livre du destin !.....

Gloire céleste , dont les rayons divergens sont destinés à enceindre la terre de toutes parts comme ces hautes montagnes placées à travers les vallées les étreignent de leur charpente et les protègent contre les vents fougueux du septentrion !

La tête d'un roi parjure et le sang de plusieurs milliers de victimes cimentèrent l'édifice que Dieu érigeait au bonheur de l'humanité, et cette noble hécatombe porta son fruit ; ce fut la proclamation des droits de l'homme.

La liberté doit faire le tour du monde, a dit le plus aimable des philosophes (Béranger). Nouveau prophète, sa main nous montre à peine les mots mystérieux, et déjà les peuples à l'envi épèlent le *manè, thesel, pharès !*

Oui, le despotisme a été trouvé inhabile à gouverner les hommes, et des myriades de glaives l'ont fait voler en poussière !...

Ce qui fut commencé chez nous se continue chez

d'autres peuples. Toujours en tête de la sociabilité, nous passons à d'autres erremens, afin que le vaisseau de la révolution, transporté comme par une voie aérienne, puisse jeter partout çà et là l'ancre du nouveau salut.

Femmes, à votre tour! Levez-vous, Dieu vous appelle!

Soyez prêtes à servir, s'il le faut, d'holocauste offert à l'avenir de celles qui vous succéderont dans la vie.

Entendez-vous ces mots : liberté a la femme, liberté pleine et entière, sans condition, ni restriction !

Allons, plus de fausse honte! Que chacune descende dans son cœur; il n'en est pas une qui n'ait des désirs à satisfaire, des larmes à sécher. Eh bien! donc, parlez! parlez, vous dis-je! Dieu est là, il le veut! et sa volonté est celle de la femme, ne le savez-vous pas?...

Venez! et qu'un 89 moral s'opère!!!

Que dès le matin les mères à la tunique blanche, à la ceinture éclatante, ouvrent la marche; que leurs fronts soient radieux de pudeur et d'audace ; que les jeunes filles les suivent, portant sur leur robe virginale la ceinture de la candeur, le bleu céleste, emblème d'innocence ; que les aînées aux fronts couronnés de rose les suivent, et que les aïeules, à la ceinture grise, ferment la marche. Que toutes s'avancent vers un lieu préparé pour cette fête, en chantant l'hymne de la régénération, et que *l'autel de la* MATERNITÉ soit élevé au milieu d'un temple magnifique ; là, que la plus aimante et la plus digne d'être aimée préside la haute solennité de ce culte nouveau ; que leurs bras soient légèrement tendus et ployés en berceau, et que dans cette attitude elles donnent un emblème du baptême de l'amour maternel ; que les enfans nouveau-nés soient ainsi reçus par elles, et qu'elles se les passent indistinctement de l'une à l'autre, se conviant mutuellement *à leur servir* DE MÈRE, et renonçant pour ainsi dire par ces démonstrations au privilége exclusif de la petite famille. C'est ainsi que doit s'effectuer le baptême d'amour et d'initiation à la vie nouvelle.

Ce premier acte d'adoption sociale sera la garantie des soins dont la naissance devra être entourée à l'avenir par toutes les femmes qui ne manqueront d'y apporter le zèle et l'abnégation dont chacune d'elles est capable.

Au milieu du jour, les jeunes filles nubiles qui se seront tenues un peu à l'écart pendant la cérémonie de la maternité, et rangées en avant de leurs plus jeunes sœurs, s'avanceront avec modestie et joie ; elles se dirigeront vers l'autel, présidé par la *mère ;* chacune à son tour lui présentera l'époux de son choix, la priant de bénir leur union : ceci sera la communion d'amour.

Les noms de ces nouveaux contractans seront inscrits sur les tables de l'état civil, et porteront la date de ces hymens volontaires et illimités, dont la durée peut devenir, selon le caractère particulier de chaque marié, aussi soluble que ces minces vapeurs atmosphériques, qu'un léger zéphir fait dévier, précipite ou enlève ; mais qui, pour les cœurs constans, sera aussi fixe et durable que la voute éthérée du ciel [1].

Les jeunes sœurs s'avanceront après la cérémonie de l'hymen, et leurs voix douces et sonores ap-

---

[1] La variété des boulingrins composés, adoptés dans les parcs anglais, est tout aussi gracieuse et convenable que la riche régularité des jardins de Versailles. La jolie et capricieuse figure chiffonnée peut rivaliser de charme avec les traits nobles et bien dessinés de la dame romaine. Encore une fois, tout est bien dans l'acception religieuse, et tout a son prestige particulier.

pelleront dans leurs chants le bonheur qu'elles sou-
haiteront à leurs aînées et qui les attend elles-mêmes
un jour.

Une musique suave doit accompagner ces divers
cultes dans lesquels il faut déployer toute la pompe
imaginable.

Les femmes plus âgées, dans un discours plein
d'éloquence et d'amour, instruiront les jeunes épouses des soins que réclame leur nouvelle carrière, et
du bonheur qu'elles peuvent se ménager pour leur
vieillesse par des souvenirs de bienfaits ou d'heureuses inspirations; douces voluptés qui compen-
sent les joies bruyantes.

Des insignes et des instrumens de divers états ou
arts, qui auront été appendus à l'autel de la maternité; seront détachés et offerts par LA MÈRE, aux
diverses corporations de travailleurs qui se présen-
teront pour les recevoir chacune dans leur attribu-
tion. LA MÈRE les bénira, et leur montrera la jeune
génération, les conviant à un travail indispensable
aux besoins de la vie.

L'initiation à la naissance, le mariage et le travail étant ainsi consacrés par un culte particulier, il
deviendra indispensable de passer à celui de la mort,
comme étant le complément du dogme nouveau.

CULTE DE LA MORT.

La réprobation de la chair, base fondamentale du christianisme, n'avait pu laisser admettre chez les chrétiens qu'un drap noir, comme emblême de l'obscurité de la destinée future. Ce simulacre d'une nuit éternelle laissait l'imagination errer dans un doute cruel, que les cierges allumés en signe de vie et l'eau lustrale qui efface le passé et purifie le présent, ne pouvaient ramener *à la certitude* d'un consolant avenir. La morale nouvelle, au contraire, unissant d'un lien indissoluble l'esprit à la matière, l'intelligence à la chair, proclamera le *principe immortel de la vie*, sortant de la tombe victorieux de *la mort.*

Un tapis couleur d'azur remplacera donc le drap noir, qui ne sera apposé qu'un instant sur le corps du défunt, comme pour marquer le moment du recueillement qu'il est juste de donner à une séparation déchirante, mais que la religion nouvelle sent ne plus devoir être éternelle.

Sur ce tapis azuré seront représentés des groupes d'enfans nouveau-nés, se jouant parmi des fleurs.

Des hymnes d'allégresse, composées pour cette cérémonie, se feront entendre, des parfums suaves seront brûlés, et rien ne doit être négligé pour inspirer aux assistans une sorte d'ivresse solennelle.

C'est dans ce moment que les jeunes enfans, dont on aura eu soin d'entourer le catafalque, seront présentés par la prêtresse aux parens du défunt.

Là se consommera encore *la famille sociale* par l'adoption.

Ces jeunes infortunés, que la mort ou d'autres circonstances ont privés de leur famille primitive, trouveront, dans la famille adoptive, tous les soins que leur faiblesse réclame. Leur présence y fera renaître LA VIE de celui qui en fut enlevé, mais qui, transformé et rajeuni, EST VIVANT parmi *tous*, dans cette VIE universelle, si belle et si pure, qui afflue de toutes parts dans la nature, et qui, toujours immaculée, se déploie sous mille formes diverses.

Tous ces cultes, qui seront exercés par la femme, consacreront ses droits humanitaires en même temps qu'ils poseront les bases de sa position sociale.

Les autres fonctions sacerdotales seront exercées par un couple, homme et femme, formant à eux deux l'individu social, *unité complexe*, *un* et *multiple*.

Ces couples seront le symbole de *l'harmonie* qui doit éternellement régner entre deux êtres essentiellement identiques, et dont l'existence ne peut souffrir de discontinuité d'union et d'amour ; afin que se confondant dans le sein de Dieu, mère et père de toutes et de tous, leur vie présente soit tissue de joie et de bonheur.

NOTES.

𝕬 𝕸. 𝕭***.

Le 15 janvier 1834.

Vous ne serez sans doute pas surpris, Monsieur, qu'ayant, dans votre séance d'hier soir, traité un sujet relatif aux femmes, ce soit une femme qui vous écrive.

En vérité, vous avez dit des choses si choquantes, que je ne sais par où commencer, voulant surtout être succincte.

Je n'ai pas comme vous, Monsieur, l'avantage d'une immense érudition, je n'ai pas pour vous répondre compulsé *quarante gros volumes;* mais fille du pauvre, j'ai souffert et vu beaucoup souffrir: cette expérience vaut bien vos théories mathématiques.

Selon vous, il faut tendre à diminuer les populations, afin de ne pas affaiblir l'aisance des familles; il faut assujétir l'artisan à des économies pour sa vieillesse et pour ses maladies; et pour cela vous lui imposez la privation de tout plaisir, même

5*

celui de la petite *goguette* du dimanche, qui lui est si nécessaire pour se refaire des fatigues de la semaine. Vous ignorez sans doute que c'est souvent là qu'il retrempe ses forces, et que ses délassemens, tout bruts qu'ils sont, lui deviennent indispensables. Sans l'attrait du plaisir, nul homme (pas même vous, Monsieur) n'aurait de cœur au travail. Laissez donc au pauvre sa gibelotte de chat, son vin de Surène, lorsque vous sablez le champagne et les mets les plus exquis, qu'il a contribué à vous procurer.

Vous voulez lui fermer les hôpitaux établis pour le soulagement de ses misères, et vous dites que ce moyen le rendra prévoyant sur ses besoins : quelle erreur!... quel sophisme!... Commencez à ne pas le pressurer d'impôts; qu'il trouve auprès de vous amour et protection; donnez-lui des plaisirs, des fêtes, des spectacles où il puisse s'instruire en s'amusant; diminuez le temps du travail, et puisque sur vingt-quatre heures la nature reprend huit heures pour le sommeil, que les heures restantes soient partagées, moitié pour le travail, et moitié pour l'instruction et le plaisir. C'est dans les délassemens que l'imagination se retrempe; sans dilatement cérébral vous faites de l'homme une machine vivante, voilà tout. Vous éteignez en lui toute faculté intelligente.

Au lieu d'appauvrir l'humanité par vos vues mesquines, par vos maximes à l'équerre; au lieu de compter ses frêles rejetons, donnez-lui de l'enthousiasme pour tout ce qui est grand et beau. Attachez de l'honneur à toute profession, à toute industrie ayant pour but l'intérêt général; accordez des licences, des primes même, s'il le faut, à ceux qui inventent quelque chose d'utile; à ceux qui établissent des communications; qui défrichent des terres, qui font des routes, qui creusent des canaux, qui établissent des habitations commodes, etc., etc. En un mot, aidez la classe intéressante et laborieuse; c'est elle qui est l'ame de toute société : si le génie invente, l'ouvrier exécute; ils sont donc, à tout jamais, liés l'un à l'autre pour produire, et doivent, au prorata de leurs capacités individuelles, avoir honneur et plaisir. Pourquoi l'ouvrier ne serait-il pas récompensé et honoré s'il l'a mérité? Savez-vous si ces distinctions ne sont pas le but de son ambition? Puisque par l'attrait d'un morceau de ruban attaché à sa boutonnière, l'homme va gaiement sur les champs de bataille affronter la mort, que ne ferait-il pas dans sa profession, sur ses foyers, pour mériter une distinction qui le ferait remarquer et bénir, car il aurait fait quelque chose d'utile à tous? Pourquoi, à quelque jour dit, ne s'asseoirait-il pas à la table du riche? Pourquoi n'y serait-il pas traité comme le fils de la famille? Là, ses mœurs peu à peu s'adouciraient, il y puiserait d'utiles avis, des exemples non moins puissans, car ce riche a pu le devenir par les fruits de son travail. Que d'inspirations le travailleur ne trouverait-il pas dans ces communions rémunératoires de sa bonne conduite? Quelle ardeur n'aurait-il pas pour atteindre ces distinctions qui lui révéleraient sa dignité d'homme et son utilité dans la grande famille? Croyez-vous donc être quitte envers l'ouvrier, lorsque vous l'avez salarié avec de l'argent; comme si ce signe représentatif soldait toutes vos obligations! Pourquoi votre porte lui est-elle fermée jusqu'au nouveau besoin de ses services? Quel lien peut-il exister ainsi entre vous et lui? S'il vous trompe sur le prix de son travail, c'est vous qui l'avez voulu. S'il va au cabaret s'étourdir sur vos insultans mépris, c'est encore vous qui l'y poussez. Là, il s'abrutit avec ceux qu'il y rencontre; là s'alimente, par la communication de leurs réflexions, leur haine contre les riches, qui jouissent de tous les plaisirs et dédaignent ceux qui leur procurent l'aliment à toutes leurs prodigalités. Haine! haine à jamais! disent-ils, à ce ramas d'égoïstes, de tyrans, qui nous punissent pour la plus légère infraction de conduite, pendant qu'eux sont vicieux impunément: damnation éternelle sur eux!...

C'est ainsi, Monsieur, que faute de s'entendre, l'humanité se parque d'elle-même en classes ennemies les unes des autres. Que de choses je pourrais vous dire sur ce chapitre, qui sont d'une autorité irréfragable, et qui disparaîtraient si la portion la plus utile à toute société n'était plus comme Ixion tournant incessamment sur la roue de misère.

Quant à ce qui a trait aux femmes, vous dites qu'elles se garderont mieux lorsqu'il n'y aura plus d'hospices d'enfans trouvés. Ce raisonnement est si pitoyable que je ne sais comment vous répondre! Je voudrais vous voir avec votre robuste vertu à la place de ces malheureuses victimes de vos passions brutales. Vous croyez donc, Monsieur, que l'amour chez les femmes est comme une proposition géométrique qui s'apprend et se calcule? Ah! s'il en était ainsi, la femme garderait sa virginité jusqu'au tombeau : car sa part aux souffrances de toutes sortes est bien plus certaine que le bonheur que vous lui promettez.

En résultat, je crois que vos intentions sont bonnes, mais vos *opinions compulsées* ne peuvent vous tenir lieu de vos propres investigations sur le mal-être de la société ; au lieu d'étendre le pauvre sur le lit de Procuste, donnez-lui du bonheur ; que l'exaltation du bien et du beau remplace la routine et le *sauve qui peut*, c'est là, n'en doutez pas, le point culminant, et vous n'aurez plus besoin de dénombrer en les stigmatisant, les baisers de l'amour et de l'hymen. Vous n'aurez que faire d'hôpitaux ; la philanthropie qui a rendu de si grands services cédera sa place à l'ordre, à la régularité, à l'enthousiasme. Songez, Monsieur, que ma parole est grave ; que je vous la jette par des milliers de porte-voix, et que c'est *au nom de Dieu* que je vous somme, dans la chaire d'économiste où vous êtes placé, de faire le bonheur de l'humanité en sortant de la pastiche du passé.

Je sais que ces opinions soulèveront beaucoup de susceptibilités dans les classes riches, mais ces classes ne sont pas les plus nombreuses ; si les pauvres vous bénissent vous aurez bien mérité : surtout songez que notre siècle veut du neuf. Marchez de progrès en progrès, et que ces vues générales soient, par votre sagacité, établies en moyen de détail où tous trouvent leur place.

A M. P***.

Le 8 mai 1834.

Monsieur,

Je viens de lire dans un journal un article signé de vous, et intitulé : *Extrait d'une introduction aux œuvres de Benjamin-Constant.* Cet article atteste une grande érudition, et votre logique est faite pour entraîner ceux qui ont besoin d'être dogmatisés et dirigés; en un mot, ceux auxquels on impose une foi.

Mais aux esprits investigateurs qui ne croient qu'après examen, qui veulent, pour ainsi dire, toucher pour croire; à ceux qui, repoussant chaque jour d'anciennes croyances comme trop vagues, trop insaisissables pour les satisfaire, sont tombés dans le scepticisme, faute d'un aliment réel, que leur offrez-vous? Le christianisme! Eh! mais, c'est là leur plus grande douleur! Ne pouvant plus croire *à sa lettre,* ils n'ont plus cru du tout.

Cette immense poésie a perdu son prestige : et, en effet, qui veut se résigner, se mortifier? Qui donc veut être chaste selon la loi chrétienne, et renoncer à la vie pour vivre éternellement? (Mon royaume n'est pas de ce monde, a dit Jésus). Nul de nous, Monsieur ; chacun dit à part soi , s'il ne le dit pas tout haut par les permanentes protestations de sa conduite, qu'il veut jouir de toutes les prérogatives de son existence. C'est ainsi que, lorsqu'une loi est trop sévère, elle tombe d'elle-même ; et, comme vous l'avez fort bien dit dans une autre acception , pour que la morale moralise , il faut qu'elle soit facile , et non répulsive.

Le christianisme a rempli une partie de sa mission. Elle fut belle ; il purifia l'humanité des obscénités du paganisme ; il fit sortir l'esprit de la matière qui l'obscurcissait, et apporta une parole de paix, où avait régné sans partage le droit du plus fort : néanmoins il ne détruisit pas l'épée, et les fameuses paroles si souvent mal interprétées : « Rendez à César ce qui est à César, » consacrèrent indéfiniment le pouvoir du glaive : ce droit, quoique beaucoup modifié, *laissa subsister l'antagonisme* entre les hommes ; et lorsque leurs forces physiques, un peu dégénérées par de moins fréquentes collisions entre eux, ne leur permirent plus de lutter corps-à-corps, des machines ingénieuses, et la foudre dérobée au ciel vinrent de nouveau consolider le pouvoir de quelques-uns : ce fut le règne du plus adroit.

Mais tout finit, et tout commence ; ou, pour mieux dire, tout se modifie selon les lieux et les temps ; la force matérielle a eu ses nécessités ; celles des *subtilités* ayant pour auxiliaire *l'absurde*, sont aussi passées. Le règne de l'amour doit lui succéder : l'humanité ne peut tomber dans le néant ; *sa vie est la vie de* Dieu, et Dieu est l'amour le plus pur.

C'est donc maintenant qu'il faut faire sentir et mettre en action l'évangile de la *fraternité universelle :* aimer son prochain comme soi-même, et donner à ses actions la direction convenable pour faire à autrui tout le bien que nous voudrions qui nous fût fait, voilà la tendance à suivre. Or, le pouvoir de César, en constituant un pouvoir en dehors du *Dieu pur amour*, a donné des armes au fils contre le père, et les enfans de la grande famille se sont réciproquement déchirés sans avoir jamais compris la sublime parole de Jésus : « Vous êtes tous frères, aimez-vous donc comme tels. »

Vous l'avez dit avec raison, Monsieur, l'incrédulité lasse le genre humain : l'athéisme, qui n'est qu'un scepticisme exalté, ne peut donner le bonheur : le gouffre de ce vide ternit jusqu'à la lumière du soleil! La religiosité, au contraire, est un prisme enchanteur qui *vivifie l'ame* et la fait surgir au-delà du court pélerinage de la vie humaine : mais où donc va-t-elle cette ame aventurière qui n'a ni forme ni couleur? Que devient-elle à perpétuité, sans souvenir du passé, sans intuition d'avenir?... O mon Dieu! vous êtes son foyer vivant, vous êtes le corps dont nous sommes les membres; vous nous faites mouvoir selon votre incommensurable volonté, et chacun de nous agit en aveugle, comme mon doigt, qui n'est qu'une partie de mon corps, agit selon ce que je veux qu'il trace sur ce papier! Oui, mon Dieu, vous êtes tout ce qui ɛsт. Je vous aime et vous admire dans l'immense univers, dans le globe que nous habitons, dans la pittoresque nature, dans les sciences, les arts et l'industrie : *tout est vous*, rien ne *s'est fait sans vous*, et rien ne subsiste sans *votre* vɪɛ universelle qui se renouvelle et se rajeunit sans cesse.

Êᴛʀɛ *senti* non explicable, quel est donc le culte que tu veux que je te rende? Ce ne sont plus des larmes, des macérations; tu es las de ce cortége de douleurs! Partout, sur tous les points de la terre, tu tends à nous faire sortir de l'obscurité de l'enfance, à nous réveiller à la vie : tu veux des joies, des fêtes, du bonheur, puisque chacun de tes membres en réclame sa part! Eh bien! hâte ta marche ascendante, touche le cœur des maîtres des nations, fais que bientôt ils sentent que le plus grand des trésors est le chœur des louanges qu'exhalent des bouches d'hommes! fais que les bras des opprimés deviennent des pavois pour élever les bienfaiteurs de l'humanité, qui les dirigeront vers l'*union universelle*.

A quoi donc servent ces monceaux d'or? De quoi nous préservent-ils? La mort et l'oubli ne sont-ils pas là pour nous démontrer l'impuissance du hochet et l'usage que nous eussions dû en faire durant notre courte carrière! Que sont quelques piles d'écus inhabiles à satisfaire les plus faibles besoins de notre organisation humaine, comparées aux traces que nous pouvions laisser de nous sur la terre! Assurément l'or est utile, puisqu'il est reconnu comme moyen de transaction entre les hommes; mais il ne peut l'être qu'en ce sens, qu'il donne la possibilité d'exécuter de grands travaux pour l'utilité *de tous*, car Dieu le veut ainsi.

Le culte de l'homme, voilà donc le culte nouveau : aider, cultiver, embellir l'humanité dans tous les développemens à donner à la nature, c'est servir *Dieu dévotement ;* car *Dieu* est tout ce qui *est,* nul de nous n'est lui, mais nul de nous n'est hors de lui! Harmoniser, diriger toutes les parties de ce grand corps vers un centre commun qui doit être le point d'attraction, en reconnaissant et admettant les formes qui sont propres à chaque individualité, et qui, bien que de natures différentes, sont précisément, par ce fait, les élémens indispensables à l'équilibre général; tels doivent être, Monsieur, les sentimens professés par les hommes d'avancée dont vous faites partie; car ceci est d'une autre portée que la petitesse de toutes les vues politiques en général : ces mesquineries du terreà-terre, ces petits recoins domestiques ne sont faits que pour le vulgaire : l'homme inspiré est le fanal conducteur, c'est le pilote dont *Dieu* est la boussole.

Liberté illimitée du commerce, abolition de tous impôts sur l'industrie; direction et exaltation d'un grand mouvement industriel ayant pour but le développement de grandes communications et défrichemens de terre : les arts et la science doivent contribuer à la mise à l'œuvre ; l'une pour diriger, les autres pour exciter, attraire et charmer. — Extinction partielle et progressive de l'hérédité, souche nourricière qui doit alimenter et soutenir les charges de l'État. — Instruction élémentaire et scientifique organisée et distribuée également sans distinction de rang ni de fortune à tous les enfans de la grande famille, où chacun puisse se développer selon sa spécialité, car tous doivent être appelés et tous élus selon leur propre virtualité. — Plus de jeux de hasard, de loterie, de maisons de prostitution, ouverts avec l'autorisation des lois et sous leur protection. — Que chacun soit employé selon ce qu'il aime à faire. — Que des spectacles publics, et en partie gratuits, servent de chaires d'instruction au peuple adulte et travailleur, surtout à ceux qui, par leur âge ou leur position, ne peuvent plus s'asseoir aux bancs des écoles; que ces spectacles traitent de toutes les choses utiles à l'homme; que les uns soient taillés sur la chimie, la physique, la mécanique, le dessin, la musique, etc. Les autres sur les hautes sciences, telles que la géométrie, l'astronomie, la géologie, la philosophie, etc., etc., et enfin l'art de guérir les maladies et celui de cultiver la terre pour la rendre plus fertile. Ces spectacles-là, ornés de toute la pompe dont on pourrait les accompagner, exciteraient et instruiraient davantage les masses que les combats d'animaux, les funambules et les représentations d'adultères dont nos théâtres fourmillent.

Pensez-vous, Monsieur, qu'un Etat ainsi organisé ne serait pas un Etat modèle, et que le cœur et l'esprit de tous ses membres aurait quelque chose à désirer? Non : chacun trouverait sa place; il n'y aurait plus de suicide, de révolutions, tous seraient vraiment religieux à la plus haute acception du mot; et le chef de cet état serait la manifestation la plus directe de Dieu sur la terre. Les noms de tyrans et d'oppresseurs deviendraient inconnus; l'amour et le respect seraient ses gardiens affidés, et cet état-major vaudrait mieux que les satellites soldés qui, malgré leurs milliers de baïonnettes, ne peuvent empêcher la haine de se faire place et quelquefois de frapper.

Recevez, Monsieur, l'assurance, etc.

FIN.

[illegible] — [illegible]

[illegible] la Constitution [illegible] — Que [illegible]

[illegible] — Que apr[illegible]

[illegible] pour que [illegible]

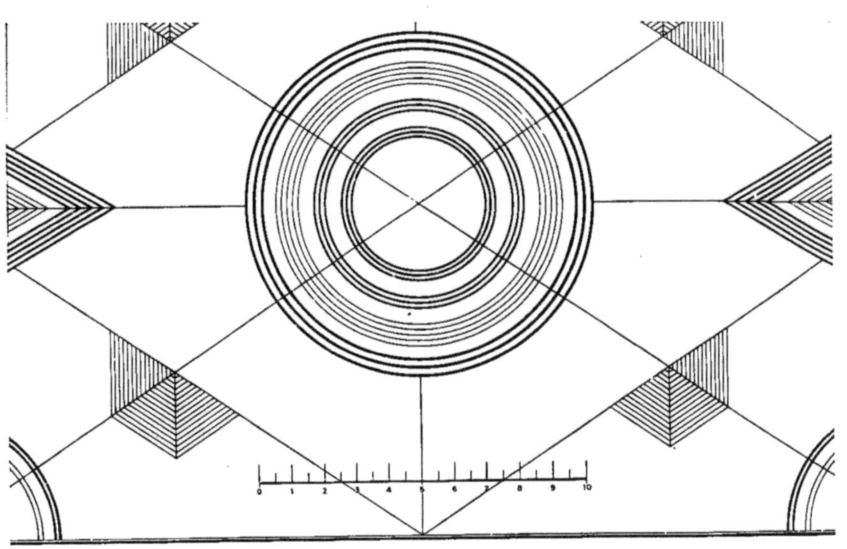

SERVICE PHOTOGRAPHIQUE